LES SCHTROUMPFS™

Adaptation : Natacha Godeau.
Conception graphique : Clémentine Lemoine et Audrey Thierry.
Mise en pages : Yinan Chai.

Hachette Livre, 58, rue Jean-Bleuzen, 92178 Vanves Cedex.

Il est le chef du village,
et tous les Schtroumpfs l'écoutent
quand il parle. Il est sage et réfléchi,
c'est lui qui prend toutes les décisions
pour le village. Les Schtroumpfs
l'adorent !

LE GRAND SCHTROUMPF

LES SCHTROUMPFS™
À table, les Schtroumpfs !
hachette JEUNESSE

LE SCHTROUMPF À LUNETTES

Véritable moulin à paroles, le Schtroumpf à Lunettes a tendance à enquiquiner tout le monde avec ses grands discours ! Il sait tout sur tout et adore le prouver.

Le Schtroumpf Cuisinier est un
chef de talent ! Au village, c'est lui
qui prépare avec amour de délicieux plats
pour tous ses amis Schtroumpfs.

LA SCHTROUMPFETTE

Elle est la seule fille du village
et tous les Schtroumpfs l'adorent.
Ils redoublent même souvent d'inventivité
pour attirer son attention !
Mais la Schtroumpfette ne fait aucune
différence et adore tous ses amis.

GARGAMEL
ET AZRAËL

Cet affreux sorcier vit au fin fond de la forêt, dans une sombre maison. Fasciné par les Schtroumpfs mais incapable de trouver leur trace, il a créé la Schtroumpfette… qui a finalement rejoint les Schtroumpfs, mais sans Gargamel ! Le sorcier continue de mettre tout en œuvre pour trouver ce village et capturer tous les Schtroumpfs.

1

CHACUN SES GOÛTS !

L'heure du goûter vient de sonner au village. Aussitôt, les Schtroumpfs se précipitent dans le salon de thé du Schtroumpf Cuisinier. Ils adorent manger tous ensemble sur les grandes tables en bois qui sont installées dehors.

– On a faim ! On a faim ! réclament-ils tous en chœur.

Ravi qu'ils aient hâte de se régaler, le Schtroumpf Cuisinier arrive en courant, avec un plateau plein de pâtisseries.

– Voici ma spécialité ! annonce-t-il fièrement. Les muffins à la carotte !

Ni une ni deux, ses amis se servent en riant de joie.

– Bon appétit ! leur souhaite le Schtroumpf Cuisinier, flatté de leur empressement.

Et *hop !* les Schtroumpfs se mettent à dévorer les jolis petits gâteaux orangés. Miam, *croc, slurp !* Ils n'en laissent pas une miette !

« Ils ont l'air d'aimer cela ! » se dit le Schtroumpf Cuisinier, enchanté.

Soudain, il fronce les sourcils. Assis devant son assiette, le Schtroumpf à Lunettes ne mange pas vraiment… Il observe son muffin de près, il le renifle, il goûte une minuscule bouchée, il mastique avec soin, il goûte encore, il réfléchit... puis il prend des notes dans un carnet en grimaçant avec sévérité ! Intrigué, le Schtroumpf Cuisinier s'approche.

– Coucou, Schtroumpf à Lunettes ! Je vois que tu schtroumpfes une critique gastronomique… Alors, que penses-tu de ma nouvelle recette ?

Comme le Schtroumpf à Lunettes refuse de répondre, le Schtroumpf Cuisinier s'impatiente et décide de lire lui-même la critique. Il s'empare du carnet et…

– « Pour être tout à fait franc, je trouve ce nouveau muffin à la carotte schtroumpfement banal. » Comment ?!

Stupéfait, le Schtroumpf Cuisinier poursuit sa lecture :

– « Ce petit gâteau n'a rien de remarquable. Il manque cruellement d'inspiration. »

Le Schtroumpf Cuisinier n'en croit pas ses oreilles. Ses muffins à la carotte ne peuvent pas être aussi ratés que cela, quand même… Vite, il tourne la page du carnet, impatient de découvrir la note que le Schtroumpf à Lunettes lui a attribuée...

– Nom d'un Schtroumpf ! s'exclame-t-il, sidéré. Tu ne m'as donné que deux étoiles sur cinq ?!

– En effet, répond le Schtroumpf à Lunettes. Ça fait quatre sur dix. Ou huit sur vingt. Ou...

Le Schtroumpf Cuisinier est scandalisé. Quelle humiliation ! Et surtout, quelle injustice ! Vraiment, le Schtroumpf à Lunettes exagère… Il aurait au moins pu lui accorder la moyenne !

Soudain, le Schtroumpf Gourmand réclame :

– Je peux en avoir plus ?

Ouf, le Schtroumpf Cuisinier retrouve enfin le sourire !

– Super, tu vois que mes muffins sont bons, Schtroumpf à Lunettes ! triomphe-t-il, rassuré.

Mais le Schtroumpf à Lunettes ne partage pas son avis. Il secoue la tête.

– Cela ne prouve rien. Le Schtroumpf Gourmand avalerait

n'importe quoi ! Son avis ne compte pas !

Cette fois, le Schtroumpf Cuisinier en a assez. Pas de doute, le Schtroumpf à Lunettes a tort.

– Et vous, vous les aimez, mes nouveaux petits schtroumpfs à la carotte ? demande-il aux autres Schtroumpfs assis autour de la table.

– Bof...

– Mouais...

– Je ne sais pas trop...

– Je n'en suis pas très sûr…

– En plus, moi, j'aime pas les carottes, bougonne le Schtroumpf Grognon.

Trop, c'est trop. Devant tant d'ingratitude, le Schtroumpf Cuisinier perd brusquement son sang-froid.

– Non, mais quel culot ! se fâche-t-il, plus vexé que jamais. Puisque c'est comme ça, j'abandonne. Vous n'avez qu'à vous schtroumpfer à manger vous-mêmes !

Et *hop !* il récupère ses plats, avant de monter dans son camion-restaurant en criant :

– Salut, la compagnie… et bon débarras !

Assis au volant de sa camionnette, le Schtroumpf Cuisinier ne décolère pas. Il démarre… et fait soudain marche arrière pour s'immobiliser un instant devant le salon de thé. Les Schtroumpfs le regardent, surpris par son comportement. Le Schtroumpf Cuisinier se penche alors à la portière et s'exclame :

– Vous savez quoi ? Si vous avez faim, schtroumpfez donc les délicieuses pages du carnet de critiques du Schtroumpf à Lunettes !

Et *zou !* il repart sur les chapeaux de roue, sans même remarquer que le Grand Schtroumpf arrive justement devant le salon de thé.

– Schtroumpf Cuisinier ! Que fais-tu ? Reviens ! appelle ce dernier.

Mais le Schtroumpf Cuisinier ne l'entend pas. Il file à toute allure en direction de la forêt…

– Ah, bravo, Schtroumpf à Lunettes, je te félicite ! gronde alors le Grand Schtroumpf. À cause de toi, le Schtroumpf Cuisinier est parti !

Le Schtroumpf à Lunettes hausse les épaules.

– Ce n'est pas ma faute, s'il est trop susceptible, marmonne-t-il.

Le Grand Schtroumpf serre les poings.

– Nom d'un petit Schtroumpf, mais je rêve ! tempête-t-il, agacé. Maintenant que le Schtroumpf

Cuisinier a quitté le village, qui va s'occuper des repas ?

– Vous voulez dire qu'on n'aura plus à manger ? bredouille le Schtroumpf Gourmand, les larmes aux yeux. Oh non, mais c'est une catastrophe !

Et le pauvre, désespéré, éclate en sanglots !

Peu après, le Schtroumpf Cuisinier gare son camion-restaurant au pied d'un grand chêne. L'emplacement est idéal, car il s'agit d'une petite clairière où les futurs clients du restaurant pourront se détendre.

« Désormais, je ne schtroumpferai plus mes bons petits plats que pour celles et ceux qui sauront les schtroumpfer à leur juste valeur ! » songe le Schtroumpf Cuisinier, déterminé.

Il regarde vers le ciel et sourit. Pas l'ombre d'un nuage ! La journée est splendide. Un soleil radieux baigne la forêt de ses rayons dorés. On ne peut rêver meilleures conditions pour pique-niquer !

« Je sens que les clients vont bientôt schtroumpfer ! » pense le Schtroumpf Cuisinier en commençant à préparer de délicieux sandwiches.

Il s'applique, met du cœur à l'ouvrage… Hélas, le temps passe et pas un client ne se présente devant la camionnette. Le Schtroumpf Cuisinier grignote une part de tarte, lorsqu'une famille de moineaux s'approche d'un air aussi curieux qu'affamé. Attendri, il leur jette un morceau de pâte feuilletée bien croustillante.

– Je vous en prie, les amis, régalez-vous !

Sans hésiter, les oiseaux picorent ce festin de bel appétit, tout en gazouillant joyeusement. Le Schtroumpf Cuisinier pousse un soupir de contentement.

– Vous au moins, vous schtroumpfez la bonne cuisine ! dit-il. Ce n'est pas comme certains Schtroumpfs de ma connaissance… Merci beaucoup, vous me schtroumpfez le moral !

Mais soudain, un vacarme épouvantable retentit dans la forêt.

Ce sont des bruits de pas, qui font trembler la terre !

Les oiseaux s'enfuient à tire-d'aile, terrorisés… Interloqué, le Schtroumpf Cuisinier se cramponne de toutes ses forces au comptoir de sa camionnette.

– Mais que se schtroumpfe-t-il ?

Le véhicule vibre sous ses pieds, les étagères pleines d'ustensiles et d'ingrédients s'écroulent autour de lui… Et voici que quelque chose, ou plutôt quelqu'un, soulève le camion-restaurant du Schtroumpf Cuisinier !

3

UN VRAI FESTIN

Terrifié, le Schtroumpf Cuisinier s'aperçoit que des ogres ont envahi la clairière ! L'un d'eux vient de s'emparer de sa camionnette.

– Grossebouffe trouver drôle de petite boîte bizarre ! grommelle le géant. Qu'est-ce qu'il y a dedans ?

Il secoue la camionnette au-dessus de son autre main. *Splaf !* le Schtroumpf Cuisinier, éjecté sans ménagement du véhicule, atterrit dans la paume de l'ogre affamé.

– Miam-miam petit bonhomme bleu ! s'écrie ce dernier.

Le Schtroumpf Cuisinier frissonne de peur. Pourvu que Grossebouffe ne le croque pas !

– Regarde, papa, Grossebouffe a trouvé miam-miam ! ajoute alors le géant.

– Oh, heu… Coucou, les amis ! murmure le Schtroumpf Cuisinier, intimidé par les ogres, qui le contemplent d'un air affamé.

– Miam-miam qui parle ! Trop rigolo, fiston !

Ni une ni deux, les géants emportent le Schtroumpf Cuisinier chez eux afin d'en faire leur dîner ! En chemin, ils discutent des différentes manières de l'accommoder.

– Grossebouffe mijoter lutin bleu aux épices !

– Non, lutin meilleur en tourte salée !

Les ogres s'affrontent du regard. Ils sont furieux et semblent prêts à se battre.

– Du calme, messieurs, pas de dispute, je vous prie ! les

interrompt brusquement le Schtroumpf Cuisinier.

Puis il sort deux petits gâteaux orangés de la poche de son tablier et il reprend :

– Et si, en attendant de schtroumpfer un accord, vous mangiez mes exquis muffins à la carotte ?

– Grossebouffe veut goûter !

– Papa Grossebouffe goûter aussi !

Bien sûr, les pâtisseries sont vraiment minuscules pour les géants, mais ils prennent malgré tout le temps de mastiquer…

– Parfait ! se réjouit le Schtroumpf Cuisinier. Laissez les saveurs se schtroumpfer en bouche et…

– C'est miam ! dit alors le père de Grossebouffe.

– Miam-miam ! renchérit son fils.

Le Schtroumpf Cuisinier n'en revient pas.

– C'est vrai ? Vous aimez ? Super ! Génia…

– Gâteau trop petit, s'énerve tout à coup Grossebouffe.

– Encore faim, enchaîne son père. Manger bonhomme bleu ! Maintenant !

Il attrape alors le Schtroumpf Cuisinier par un bras.

– Grossebouffe manger bonhomme bleu ! intervient à son tour le deuxième ogre.

Et *hop !* il attrape le Schtroumpf Cuisinier par l'autre bras.

– Non ! Lâchez-moi ! hurle le malheureux en essayant de se débattre.

Mais rien à faire : les géants tiennent bon et tirent chacun de leur côté sur les bras du Schtroumpf Cuisinier.

– Pitié, mes amis ! crie-t-il. Si vous avez faim, je peux vous schtroumpfer à manger, vous savez !

Aussitôt, les géants s'interrompent.

– Toi servir nourriture ?

– Beaucoup à manger ?

– C'est ma spécialité ! s'exclame le Schtroumpf Cuisinier. Je suis un chef très talentueux, je peux vous schtroumpfer un véritable festin !

Ouf, les ogres paraissent convaincus... pour le moment !

Peu après, dans la cuisine de leur haute tour, les ogres ordonnent à leur prisonnier de remplir immédiatement sa promesse.

– Vite, lutin bleu !

– Nous avoir faim !

– Patience, mes amis ! s'empresse de répondre le Schtroumpf Cuisinier, de peur qu'ils ne se mettent en colère. C'est un long travail, de schtroumpfer de quoi satisfaire d'aussi gros estomacs que les vôtres !

– Miam ! s'exclame Grossebouffe.

– Miam-miam ! renchérit son père.

– Oui, je me dépêche, je me dépêche !

Le Schtroumpf Cuisinier s'applique. Mais à ses yeux, tout est si grand, ici… C'est terriblement difficile !

4

UN NOUVEAU CHEF

Pendant ce temps, au village des Schtroumpfs, l'absence du Schtroumpf Cuisinier se fait cruellement sentir… L'heure du dîner a sonné depuis longtemps et les Schtroumpfs, assis comme d'habitude aux longues tables en bois du restaurant, n'en peuvent plus d'attendre à manger.

– On a faim ! On a faim ! réclament-ils à l'unisson.

Le Schtroumpf Costaud s'inquiète :

– Qui schtroumpfe les repas, en attendant le retour du Schtroumpf Cuisinier ?

– Le Schtroumpf Gourmand s'est porté volontaire ! annonce le Grand Schtroumpf. Question nourriture, il sera certainement le Schtroumpf de la situation !

Le Schtroumpf Gourmand arrive justement avec le dîner...

– Vous avez raison, Grand Schtroumpf ! Je suis un expert ! se vante-t-il en posant son plateau sur la table.

Comme dans les restaurants les plus chics, une cloche en argent protège le plat. Fou d'impatience, le Schtroumpf Costaud s'empresse de la soulever et...

– Où est notre repas ? demande la Schtroumpfette, contrariée, en découvrant le plateau vide.

– Votre repas ? répète le Schtroumpf Gourmand. Oh oui, bien sûr... Désolé, j'ai tout mangé.

– Et nous, alors ? On a faim ! On a faim ! protestent les Schtroumpfs, furieux.

– Nom d'un petit Schtroumpf ! Si nous voulons éviter l'émeute, il nous faut de toute urgence un autre volontaire, souffle le Grand Schtroumpf. Qui veut remplacer le remplaçant du Schtroumpf Cuisinier ?

– Moi ! se propose le premier le Schtroumpf Bêta.

Il fonce sans hésiter dans les cuisines et revient quelques instants plus tard avec une marmite pleine. La Schtroumpfette pousse un soupir de soulagement.

– Lui, au moins, il n'a pas tout dévoré !

– Le dîner est servi ! proclame fièrement le Schtroumpf Bêta. Qui veut se régaler ? Ce sont de savoureuses lentilles !

Il plonge sa cuillère dans la marmite, en verse le contenu dans l'assiette de la Schtroumpfette, mais…

– Schtroumpf Bêta ! Ce ne sont pas des lentilles, c'est du gravier !

Les autres Schtroumpfs, affamés, redoublent de colère.

– On a faim ! On a faim !

– Catastrophe ! Qui veut remplacer le remplaçant du remplaçant du Schtroumpf Cuisinier ? s'affole alors le Grand Schtroumpf.

– Moi ! se porte volontaire le Schtroumpf Peintre.

Il fonce dans les cuisines et revient une heure après avec un plat qui promet d'être magnifique...

– Ma dernière création va vous schtroumpfer ! affirme-t-il. Voici mon extraordinaire potage à la salsepareille, patate douce et thé à la menthe ! Admirez, je vous prie !

Il soulève la cloche en argent qui recouvre son plateau et...

– C'est un tableau ? s'écrie la Schtroumpfette, déçue.

– Moi, j'aime pas les tableaux, bougonne le Schtroumpf Grognon.

Le Grand Schtroumpf secoue la tête. C'est de pire en pire ! Plus

question de laisser faire les volontaires. Alors, il se tourne vers son voisin de table et lui demande à contrecœur :

– Schtroumpf à Lunettes, tu sais cuisiner ?

Le Schtroumpf à Lunettes réfléchit. Il n'est pas chef, ça, c'est certain. Mais après tout, il est assez savant pour se débrouiller comme le meilleur des meilleurs…

– Pas de problème, Grand Schtroumpf, j'ai un plan !

Il fonce dans les cuisines et revient quelques minutes plus tard avec une assiette de gelée au piment léger.

– Je vous ai concocté une merveilleuse recette ! se vante-t-il. Une pointe de piment apporte de nombreux bienfaits pour la santé, et je…

– Aaaahhh ! Ça brûle ! hurle le Grand Schtroumpf dès qu'il goûte au plat du Schtroumpf à Lunettes.

Il court comme une fusée et plonge dans le puits d'eau fraîche. Le Schtroumpf à Lunettes ne se laisse pas démonter :

– Vous voyez ? Le Grand Schtroumpf a retrouvé toute la vivacité de sa jeunesse !

Tous les autres Schtroumpfs froncent les sourcils. Décidément, le Schtroumpf à Lunettes a un sacré culot ! Maintenant, tout le monde se désespère. Si seulement ils savaient où se trouve le Schtroumpf Cuisinier pour aller le chercher !

– Schtroumpf de Schtroumpf, j'ai tellement faim que ça me donne des hallucinations ! bafouille soudain le Schtroumpf Gourmand.

Comme s'il était hypnotisé, il se dirige lentement vers la forêt en ajoutant :

– Miam, ça sent la bonne cuisine du Schtroumpf Cuisinier !

La Schtroumpfette hume à son tour l'air et...

– Mais il a raison ! remarque-t-elle, interloquée. Je la sens aussi !

– Suivons le Schtroumpf Gourmand ! ordonne alors le Grand Schtroumpf. Il va nous conduire directement au Schtroumpf Cuisinier !

5

LA SOUPE AUX SCHTROUMPFS

Attiré par le succulent fumet d'un bon petit plat qui mijote, le Schtroumpf Gourmand fonce droit devant lui sans hésiter. Le Grand Schtroumpf, la Schtroumpfette et le Schtroumpf à Lunettes le suivent sur le sentier forestier, confiants.

– Oh, miam, ça sent de plus en plus fort ! s'exclame le Schtroumpf

Gourmand en accélérant l'allure. On approche, on approche ! Miam, miam !

Soudain, il s'immobilise.

– L'odeur vient de là ! annonce-t-il en montrant la tour des ogres.

– Allons-y ! Il n'y a pas une seconde à perdre ! commande le Grand Schtroumpf.

Ni une ni deux, ils entrent dans le bâtiment en se faufilant par une fente en bas de la porte en bois. Ils aperçoivent alors le Schtroumpf Cuisinier, debout sur la table, qui s'apprête à servir à manger à Grossebouffe et à son père... La Schtroumpfette n'en revient pas.

– Schtroumpf de Schtroumpf ! s'écrie-t-elle, sidérée. Le Schtroumpf Cuisinier s'occupe des repas des ogres, maintenant !

– La mauvaise critique d'un certain Schtroumpf à Lunettes l'a vraiment déboussolé ! maugrée le Grand Schtroumpf.

Confus, le Schtroumpf à Lunettes rougit, mal à l'aise. Il ne voulait pas vexer son ami à ce point en rédigeant sa critique gastronomique ! Au même moment, le Schtroumpf Cuisinier lance joyeusement :

– C'est prêt, mes amis ! Régalez-vous !

Il est très fier du repas qu'il propose aux géants. Ce n'est pas si simple, de préparer d'énormes gâteaux, de gigantesques pâtés et des montagnes de crème chantilly !

– Miam ! Miam-miam ! se réjouissent Grossebouffe et son père.

En moins de deux, ils dévorent absolument toute la nourriture posée sur la table ! Le Schtroumpf Cuisinier secoue la tête d'un air navré…

– Comment ? Vous avez déjà tout schtroumpfé ?

– Nous encore faim !

– Vous auriez dû prendre le temps de schtroumpfer les aliments ! riposte le Schtroumpf Cuisinier sur un ton de reproche.

– Ça être juste apéritif ! grognent alors les goinfres.

Le chef écarquille les yeux.

– Comment cela ? Mais... je vous ai servi de quoi nourrir au moins deux cents Schtroumpfs !

Cette fois, Grossebouffe perd patience.

– Toi trop parler ! Moi faim !

À ces mots, il piège le Schtroumpf Cuisinier entre deux grandes tranches de pain et...

– Miam-miam lutin bleu !

– Non, je ne suis pas comestible ! s'exclame le Schtroumpf Cuisinier.

Mais c'est un autre cri qui arrête l'ogre juste avant qu'il ne morde dans son sandwich...

– Aaahhh !

Grossebouffe se retourne, surpris, et aperçoit le Schtroumpf à Lunettes. Perché sur une poutre, près de la table, il pousse un hurlement.

– Ne schtroumpfez pas mon ami ! ajoute-t-il avec autorité. Tout est ma faute, pas la sienne !

L'ogre s'empare alors de lui pour le manger à la place du prisonnier.

– Non ! intervient le Grand Schtroumpf.

Les ogres regardent cette fois à leurs pieds, où se trouvent la Schtroumpfette, le Schtroumpf Gourmand et le Grand Schtroumpf.

– Laissez nos amis ! ordonne le Schtroumpf Gourmand en se précipitant au secours de ses compagnons.

Il ramasse un tire-bouchon au passage et ajoute :

– Un pour schtroumpf et schtroumpf pour un !

Et *paf !* il frappe violemment les orteils de Grossebouffe.

– Bobo ! hurle ce dernier en lâchant ses proies.

Vite, le Schtroumpf Cuisinier et le Schtroumpf à Lunettes filent se cacher sous une chaise. Grossebouffe secoue le pied afin de se débarrasser du Schtroumpf Gourmand. Celui-ci est éjecté en un rien de temps. Sans hésiter, le Grand Schtroumpf se dépêche de prendre la suite des opérations.

– Allons-y, Schtroumpfette ! Détournons l'attention de ces ogres !

– Oui, Grand Schtroumpf ! À nous de jouer !

Ils bondissent sur la table, plongent chacun dans le col d'un géant et le chatouillent.

– Ah ! Hi, hi !

– Grossebouffe grattouille !

Les ogres se mettent à se gratter en sautillant de droite à gauche avec frénésie. Ils se cognent soudain la tête l'un contre l'autre et s'écroulent, à demi-sonnés. Le Grand Schtroumpf et la Schtroumpfette s'extirpent de leurs chemises et se ruent vers la porte d'entrée.

– La voie est libre, mes petits Schtroumpfs ! Venez ! commande le Grand Schtroumpf.

Aussitôt, le Schtroumpf à Lunettes, le Schtroumpf Cuisinier et le Schtroumpf Gourmand lui emboîtent le pas. Ils s'apprêtent à se glisser dehors, lorsque Grossebouffe les attrape d'une main.

– Miam ! Lutins bleus rester ! gronde-t-il. Moi faim !

Après avoir capturé le Grand Schtroumpf, la Schtroumpfette, le Schtroumpf Gourmand, le Schtroumpf Cuisinier et le Schtroumpf à Lunettes, les ogres ont une excellente idée : les jeter dans la marmite de soupe !

– Grossebouffe assaisonner soupe aux Schtroumpfs ! souffle l'ogre, enchanté, en saupoudrant du sel et des épices sur la tête des prisonniers. Moi goûter si assez poivré !

Il s'empare alors du Schtroumpf à Lunettes pour le dévorer ! Heureusement, la Schtroumpfette a un plan…

6

LA RECETTE SECRÈTE

Emprisonnée dans la marmite aux côtés de ses compagnons, la Schtroumpfette apostrophe Grossebouffe, qui s'apprête à avaler le Schtroumpf à Lunettes :

– Non, arrête ! lui crie-t-elle. Ne me dis pas que tu as l'intention de schtroumpfer le meilleur chef cuisinier du pays ?

– Lui pas chef miam-miam, proteste alors l'ogre. Lui avoir gros yeux ronds.

– Lui chef, ajoute papa Grossebouffe en désignant le Schtroumpf Cuisinier du doigt.

La Schtroumpfette fait non de la tête d'un air moqueur.

– Je ne parle pas de ce chef, mais du nouveau plus grand chef du pays, l'incroyable inventeur de la gastronomie du futur !

Le Schtroumpf Cuisinier n'apprécie pas du tout cette remarque.

– Ah oui ? s'énerve-t-il. Alors comme ça, le Schtroumpf à Lunettes est devenu chef, maintenant ?! N'importe quoi !

Vite, la Schtroumpfette adresse un clin d'œil discret au Grand Schtroumpf, qui s'empresse d'appuyer ses dires :

– En effet, je confirme ! Pas toi, Schtroumpf Gourmand ?

– Oh si ! Le Schtroumpf à Lunettes a remplacé le Schtroumpf Cuisinier et tout le monde a adoré sa gelée rajeunissante, au village ! On s'est vraiment régalés !

Perplexe, le père de Grossebouffe montre encore le Schtroumpf à Lunettes du doigt en insistant :

– Lui meilleur chef ? Vrai de vrai ?

– Le top du top ! affirme le Grand Schtroumpf. Goûtez donc à sa spécialité et vous vous en rendrez compte par vous-mêmes !

– Bonne idée ! approuve aussitôt Grossebouffe, dont la curiosité est piquée. Gros Yeux cuisiner maintenant !

– Nous manger meilleur miam-miam maintenant ! renchérit le père de l'ogre.

Ils placent alors le Schtroumpf à Lunettes devant le petit camion-restaurant du Schtroumpf Cuisinier, sur la grande table en bois. Sans hésiter, le Schtroumpf à Lunettes file se mettre aux fourneaux.

– Puisque vous insistez, je vais vous préparer ma fabuleuse gelée ! annonce-t-il fièrement.

Le plan de la Schtroumpfette fonctionne comme sur des roulettes. Mais, en attendant que le Schtroumpf à Lunettes ait terminé de cuisiner, les autres Schtroumpfs doivent rapidement sortir de la soupe avant de cuire !

– Oh, là là, il fait super chaud, là-dedans ! s'écrie la Schtroumpfette afin d'attirer l'attention des ogres. Méfiez-vous, messieurs les ogres, les Schtroumpfs sont immangeables, s'ils sont trop cuits !

– Sors-les marmite, fiston !

– Moi sortir marmite !

Grossebouffe plonge les mains dans la soupe et repêche le petit groupe de Schtroumpfs. Il les dépose ensuite sans ménagement sur la grande table en bois, juste en face de la petite camionnette du Schtroumpf Cuisinier. Incapable de supporter la vision du Schtroumpf à Lunettes en train de cuisiner, le chef gémit :

– Vous schtroumpfez vraiment que le Schtroumpf à Lunettes a plus de talent que moi ? Non, ce n'est pas possible ! Je ne...

– Du calme, Schtroumpf Cuisinier ! s'empresse de lui répondre la Schtroumpfette sur un ton mystérieux. Encore un peu de patience, et tu comprendras tout !

Elle lui sourit de manière enjôleuse. Séduit et confiant, le Schtroumpf Cuisinier se tait. Après tout, ses amis semblent savoir ce qu'ils font !

– Regarde ! ajoute ensuite la Schtroumpfette dans un murmure.

Le Schtroumpf à Lunettes a fini sa recette. Il apporte son plat aux ogres.

– Voici ma schtroumpftastique gelée pimentée aux mille vertus bienfaisantes ! déclare-t-il, plus orgueilleux que jamais.

Les géants s'emparent de la gelée. Ils la laissent fondre dans leur bouche et l'avalent...

– Moi vouloir dessert ! lancent-ils alors à l'unisson.

Ils se penchent sur les Schtroumpfs pour les dévorer. La Schtroumpfette fronce les sourcils.

– Nom d'un Schtroumpf, il ne se passe rien ! déplore-t-elle, plus désolée que jamais.

– C'est-à-dire ? s'étonne le Schtroumpf Cuisinier. Il devrait se passer quoi ?

À cet instant, Grossebouffe et son père se mettent à hurler :

– Aaaahhh ! Ça brûle !

Le piment dans la spécialité du Schtroumpf à Lunettes fait enfin son effet ! Les ogres crachent du feu et courent, en panique… Sur la table, les Schtroumpfs éclatent de rire, ravis.

– Youpi ! On a réussi !

– Je vais leur schtroumpfer de l'eau ! s'exclame alors le Grand Schtroumpf.

Lui aussi a un plan… et le moment est venu de l'exécuter ! Il file donc chercher une marmite d'eau fraîche. Mais avant de la donner aux géants, il jette dedans trois perles enchantées de potion magique…

– Buvez, ça va vous rafraîchir ! dit-il ensuite à Grossebouffe et à son père.

Ceux-ci ne se font pas prier ! Ils se précipitent sur la marmite et *glou ! glou ! glou !* ils la vident en quelques secondes à peine. Ils ne remarquent même pas que l'eau fait de drôles de bulles… Sous les yeux ébahis des Schtroumpfs, voici que les géants s'envolent soudain comme s'ils ne pesaient pas plus lourd qu'une plume !

– Qu'avez-vous versé dans l'eau, Grand Schtroumpf ? demande le Schtroumpf Cuisinier.

– Un ingrédient spécial… Seulement, tu n'en schtroumpferas pas plus, car c'est ma recette secrète !

Et *zou !* les prisonniers en profitent pour s'échapper !

Le lendemain, au village des Schtroumpfs, le train-train quotidien reprend... pour le plus grand plaisir de tous !

– Quel délice ! s'exclame le Schtroumpf Gourmand en terminant l'assiette que le Schtroumpf Cuisinier vient de lui servir. C'est trop schtroumpf, que tu sois revenu !

– Moi aussi, je suis content ! assure son ami en riant.

Près de lui, la Schtroumpfette brandit la *Gazette des Schtroumpfs.*

– Qui veut que je lui lise la page de la critique gastronomique ? lance-t-elle.

– Moi ! Moi ! s'exclament tous ses amis.

La Schtroumpfette prend une profonde inspiration et entame sa lecture :

– « Pour fêter son retour, le Schtroumpf Cuisinier nous a servi un repas absolument exquis ! Le Schtroumpf Cuisinier est indubitablement le meilleur chef du pays de tous les temps et mérite de recevoir la note maximale de cinq étoiles ! » Waouh ! Félicitations, Schtroumpf Cuisinier !

– Oh ! Quel bonheur !

Le Schtroumpf Cuisinier est fou de joie. Alors, le Grand Schtroumpf ajoute :

– Il y a une seconde critique, sur la page. La voici, écoutez !

Il s'éclaircit la gorge et commence à lire :

– « Quant à lui, le Schtroumpf à Lunettes a fait preuve de bien peu de jugeote en critiquant si durement le talent du Schtroumpf Cuisinier. Pour ce travail désastreux, nous lui attribuons la note minimale de… »

– Zéro étoile ! devine le Schtroumpf Gourmand.

– Et je l'avoue : c'est bien mérité ! conclut le Schtroumpf à Lunettes avec honnêteté.

Car inutile de le nier : lui aussi est ravi de pouvoir de nouveau se régaler des bons petits plats de son génial ami, le Schtroumpf Cuisinier !

As-tu lu les premiers tomes ?